AF237291

Birgit Heid

Der Morgen ist jung

Notizen aus Berlin
im Stil japanischer Tanka
Mai 2022

Die vorliegenden Notizen sind im Stil japanischer Kurzgedichte namens Tanka verfasst. Das Tanka ist eine mindestens 1300 Jahre alte reimlose Gedichtform mit meist fünf Zeilen. Es konzentriert sich auf Ereignisse, die mit eigenen Überlegungen erweitert werden. Aus dem Tanka ging das Haiku hervor.

Birgit Heid, geb. 1961, lebt in Landau/ Pfalz. Sie ist 1. Vorsitzende des Literarischen Vereins der Pfalz und Mitglied der Deutschen Haikugesellschaft. Sie führt literarische Veranstaltungen und Schreibworkshops durch. Dreizehn Bücher hat sie seit 2009 veröffentlicht. https://rhein-neckar-wiki.de/Birgit_Heid

Herstellung und Verlag:
BoD – Books on Demand, Norderstedt,
ISBN 978 3 753481 777, Juni 2022

Zugreise
wie sehr ich mich fürchtete
vor der Abfahrt um sieben Uhr …
doch bin ich am Morgen
lange vorher wach

in der Nähe setzt sich
eine junge Frau dazu,
sie sei Ukrainerin …
am nächsten Halt
umarmen sich die beiden

meine Sitznachbarin
grüßt nicht und spricht nicht
sie liest Korrektur …
auf ihrer Tasche
kyrillische Schriftzeichen

Ankunft in Berlin
neben den Glaspalästen
fühle ich mich winzig
und fürchte,
sie stürzen über mir ein

neben dem Bahnhof
die Malteser-Station
ein paar Mitarbeiter
warten in der Mittagswärme
auf Geflüchtete

Begrüßungskomitee
ein alter Saxofonist
am Spreeufer
lässt die Töne rieseln ...
Autumn leaves

wie im Traum
liegt linkerhand
das Reichstagsgebäude
tatsächlich!
in der Zoomeinstellung

Tiergartendurchquerung
ich wundere mich
inmitten der Stadt
über die Unordnung
des Waldes

die Straße
des 17. Juni …
zwischen Siegessäule
und Brandenburger Tor
mir wird schwindelig

Wiedersehen
in der Jugendherberge
die Wäschesammler
und die Postkarten …
vertraut in der Fremde

allein verreisen
ich bin überwältigt
von meinen Sinnen
für Aufbruch
und Orientierung

mein Dienstbotenzimmer
am Ende des kurzen
Personalgangs,
die Toilette außerhalb ...
gut für die Nase

Feierabendausflug
ich erkunde
eine fremde Umgebung
bis ich auf alte Spuren stoße,
die mich weitertreiben

die Neue Nationalgalerie,
wie meine Mitmenschen
in der Glasspiegelung
zu Kunstobjekten werden ...
oder zu Staffage

Potsdamer Platz
ich entdecke
den Frühstückssaal
des alten Esplanade-Hotels …
danke Sony!

im Holocaust-Mahnmal
Stele für Stele Schlagschatten
auf dem buckligen Weg
bis zum
vergeblichen Versteck

auf dem Dach
der amerikanischen Botschaft
flattert der Stolz der Nation
in den Niederungen lauert
das Wachpersonal

durch das Brandenburger Tor
alte Grenzen überschreiten,
der Gefahr
auf den Grund gehen …
eilende Radler

ein Herkules am Parkrand
auch er blickt unverwandt
zum Brandenburger Tor
und streckt mir
den Hintern entgegen

Leute in Anzügen
fotografieren sich
vor dem Reichstag –
bevor ich frage, sehe ich
AfD-Anstecker

Maueropfer
ich lese die Namen
der weißen Kreuze ...
von den vielen sind nur
wenige Frauen

Spiegelflächen und
das Glaszeltdach –
auch hier keine Bäckerei ...
doch ein paar Postkarten
nähren mich auch

ach, dies ist
der Landwehrkanal!
ich gehe am Wasser entlang …
ob hier Rosa Luxemburgs
Leiche schwamm?

Bärenhunger
nach meinem Ausflug
genieße ich
das Abendmahl
in der Jugendherberge

der Abend ist jung
der Landwehrkanal
verführerisch …
stadtauswärts am Ufer entlang
von Brücke zu Brücke

an der Stiftung
Preußischer Kulturbesitz
muss ich den Weg verlassen
oder doch durch den
Bauzaun steigen?

an einer Kreuzung
sieh an! die Siegessäule
leuchtend wie ein Sonnenstrahl …
beim Näherkommen
ermattet sie

am Rand des Tiergartens
ein Bankbesetzer
der sich zur Ruhe begibt …
mit seinem
staubigen Schlafsack

morgens früh Geräusche
im Personalgang
vor meinem Zimmer …
hier würde ich gelegentlich
auch gern arbeiten

U-Bahnfahrt zum Treffpunkt –
hopp, ich steige kurz aus …
der Gendarmenmarkt
kreist um mich, als säße ich
in einem Karussell

soll ich?
am Alexanderplatz
mir die kalte Luft ins Gesicht
blasen lassen, wie einst
vor der Wende?

entdeckungsdurstig ...
die riesige Baustelle
der alten Brauerei Königsstadt
inspiziere ich
von allen Seiten

jüdischer Friedhof
die Eröffnung eines
stummen Schauspiels mit
beredten Statisten, ich denke an
Nathan den Weisen

.

ein hoher Baum
aus dem Mausoleum
vertritt die Besucher,
die seit dem Krieg
verschollen sind

die Gesänge sind verhallt
das Spiel wird nicht mehr
gemischt ...
wie ein gestürztes Kartenhaus
die Grabmale

Max Liebermann,
Giacomo Meyerbeer
nun weiß ich,
dass die beiden
jüdischen Glaubens waren

Wiedersehen mit Freunden
stundenlang Plaudern …
wie soll ich es nennen?
das personifizierte
Glück

Berliner Abend
im Hofbräuhaus
oans, zwoa gsuffa …
wie ein Heißluftballon
auf einem Hochhaus

Glücksrad
ich fotografiere
die Fotografin,
die ein Bild von den
Selfie-Belichtungen aufnimmt

vor den Toiletten
Erbrochenes ...
die Security
wartet geduldig
vor den Herrenklos

Abendtelefonat
mit meinem Mann
nun können wir uns
dabei anlächeln und uns
dies und das zeigen

das zarte Zwitschern
einer Nachtigall
zeichne ich auf ... und lese später,
dass sie wohl schon
Junge haben

am Samstag frühmorgens
ist die Stadt noch nicht erwacht …
zwischen den Prachtbauten
Unter den Linden
Stille

am Zeughaus
die alten Bilder der Promenade –
rauschende Roben
und Sonnenschirme …
doch wo sind die Bettler?

Ein Bauzuan
am neuen alten Stadtschloss
die Diskussionen
um den Palast der Republik
alt und neu

von Erichs Lampenladen
blieb nichts übrig
außer einer Erinnerung …
in meiner Stadt bewohnen sie
eine Panzerhalle

der Fingerzeig
des Fernsehturms ...
ich weiß, in welche
Richtung ich gehen muss –
gleich

im Haus der Poesie
mein Namensschild
... anstecken
lasse ich mich vom
Ernst der Versammlung

vor meinem inneren Auge
diejenigen, die nicht
gekommen sind
und die mir
fehlen

viele Neumitglieder …
doch sind sie ebenso beflügelt
wie die langjährigen –
wir wachsen …
zusammen

die Tagesordnungspunkte
wechseln die Farben …
ich denke
an die Aufregung beim letzten
Kassenprüfbericht

zweimal Lob
für meinen Bericht
ein lebhafter Vortrag,
sagen sie …
ich reibe mir die Augen

Wahlvorschläge
eben unterhielt ich mich
noch gut mit ihm …
nun werde ich ihn in zwei Jahren
wiedersehen

konstruktive Diskussion
ich freue mich,
dass meine Ideen zünden,
doch ein Zoom-Meeting managen …
oh, oh

sein Blick von der Seite
und die Andeutung
einer Frage ... ich denke,
wir werden ihn
einmal besuchen

die Bento-Box
mit asiatischen Köstlichkeiten ...
dein fernöstlicher Blick
bei der Versuchung
von Wasabi

im Innenhof der
Kulturbrauerei
ein Fahrradverleih …
die trunkenen Blicke
der Be(rlin)sucherinnen

am Kneipentisch
geht allmählich
die Sonne unter
während die Gänsehaut
steigt

das Interieur
der urigen Kneipe
in Jahrzehnten abgenutzt
ich möchte einfach
nur bleiben

U-Bahn in der Nacht
wie gut ich mich auskenne …
als ich aussteige
gehe ich zielstrebig
in die falsche Richtung

noch früher aufstehen
noch weiter laufen
noch mehr Eindrücke
noch tiefer
in mir speichern

im Frühstückssaal
ein wortloser Gast,
nur mit einem Jungen redet er
und verabschiedet ihn
mit Gottes Segen

entlang der Spreekais
zur Museumsinsel ...
vor der großen Baustelle
am Pergamonmuseum
ein Flohmarkt

auf der Monbijoubrücke
der zerklüftete Bronze-Torso
von Hektor ...
ich kämpfe mit mir
ob des Gefallens

am Spreeufer
stehen Liegestühle …
ich höre
das Treiben der Leute
vor vielen Jahren

am Hackeschen Markt
warten die Cafés
auf erste Gäste …
die Türen weit geöffnet
wie Kükenschnäbel

ein Blick in die
Hackeschen Höfe …
ich sehe
das nahe Schillern
einer Oase

auf dem Fußweg
zum Workshop …
wo ich gern wohnen würde?
hier, in der
Choriner Straße

ein Tanka-Vormittag
ich könnte noch üben
am Innovationspotenzial …
gell, das siehst du
auch so ;-)

häufig lesen, sagt der Meister,
ich weiß es längst,
aber viele gefallen mir nicht …
meine Kenntnis kommt
auch beim Schreiben

zu kurz der Workshop,
die Reise und überhaupt,
vieles bleibt im Unklaren …
die Frage, ob meine Vorstellung
auch seine ist

eine Streetart finden
in der Nähe
meiner U-Bahn-Station,
nach langer Suche … bin ich
nicht recht befriedigt

U-Bahn in Kreuzberg
vorbei an den Straßencafés
in Klein Bagdad …
sie sind gut integriert,
die jungen Deutschen

an der Grenze zu Treptow
Szenenwechsel …
ein großer Park, Mauerreste
und ein alter Wachturm –
ich fühle mich beobachtet

der Japanmarkt
im kleinen Festsaal
eng wie auf einer Insel …
auch meine Kollegen
sind nah

Kimonovorführung,
ich denke an ein Foto
von Simone …
um mich legt sich der Umhang
des Vermissens

bei den Fahrrädern
mein Bruder …
im schattigen Garten
ein Plätzchen finden
für leidenschaftliche Themen

zwei japanische Tänzerinnen
minimalistisch-theatralisch
inszenieren sie den Kosmos
von Leben
und Tod

Abschied
nach drei Stunden sind
einige Jahre vergangen
... wie im Flug
radelt er heim

der Flutkanal im Abendlicht:
gegenüber den Uferhütten
eine volle Terrassendisco ...
heute finde ich
alles gediegen

meine Oase
die Jugendherberge …
im Grünen ein stilles
Abendessen mit
Notizbuch und Stift

Frühstück um halb sieben
aus der Küche Morgengrüße
aus dem Radio *And when the rain
begins to fall* ... zu meiner
Abschiedsträne

letzte U-Bahn-Fahrt
an der Klosterstraße
dem Roten Rathaus so nah ...
eine weitläufige
Baustelle

wie eine Glucke im Nest
die alte Nikolaikirche
umgeben von kleinen Häusern ...
Strohhalme
zum Cocktail

das kleine Theaterhaus
weckt mein Interesse
nach dem Abgleich
zwischen Schauspiel
und Leben

allein im Nikolaiviertel …
keine Morgenführung,
wundere ich mich,
also ist doch noch nicht
alles durchgetaktet

eine alte Frau
berlinert, sie sei froh,
dass der Uhrmacher
nicht mehr da sei, einst habe er
sie betrogen

hauptstädtischer Pilgerweg
vom Roten Rathaus
zum Hauptbahnhof …
so viele Bekanntschaften
verabschieden

den Spreekais entlang
vom vormodernen
zum postmodernen Stil,
im Reichstag
das Heute

den Stadtplan im Blick
weiß ich, dass ich richtig bin …
nur Zeit zum Ausruhen
bleibt keine –
wie gehabt

mit dem Mann
vom Getränkeservice im Aufzug …
seit der Eröffnung hier beschäftigt,
doch er kenne sich
noch nicht gut aus

Bahnsteig mit Ausblick
bis zum Glaszeltdach
am Potsdamer Platz
und zur Reichstagskuppel …
vier Tage

mein Sitzplatz
im Familienabteil
der junge Vater
heißt mich
willkommen

in die USA
mit der halbjährigen Tochter …
mein Ratschlag,
ihr ein verschwitztes Vater-Shirt
ins Bett zu legen

pünktliche Zugfahrt
nach Hause
mein Heimatgefühl
ein großes Stück
erweitert